AINDA

Cláudia Botelho

A I N D A

crivo
EDITORIAL

ainda © Cláudia Botelho 07/2024
Ilustrações © Paula de Aguiar, 07/2024
Edição © Crivo Editorial, 07/2024

Edição e revisão Amanda Bruno de Mello
Ilustração de capa Paula de Aguiar
Capa, projeto gráfico e diagramação Luís Otávio Ferreira
Coordenação editorial Lucas Maroca de Castro

B748a   Botelho, Cláudia.
          Ainda [mansucrito]/ Cláudia Botelho; ilustração Paula
          de Aguiar. – Belo Horizonte : Crivo, 2024.
          98 p.: il., p&b.; 14 cmx21 cm.
          ISBN: 978-65-89032-71-7
          1. Poesia brasileira. 2. Poesia. 3.Literatura Brasileira.
          I. Aguiar, Paula de . II. Título.
                                      CDD 869.1
                                      CDU 869.0(81)-1

Elaborado por Alessandra Oliveira Pereira CRB-6/2616
Índice para catálogo sistemático:
1 . CDD 869.1 Poesia brasileira
2. CDU 869.0(81)-1 Poesia brasileira

CRIVO EDITORIAL
r. Fernandes Tourinho // n. 602 // sl. 502
30.112-000 // Funcionários // BH // MG

- crivoeditorial.com.br
- contato@crivoeditorial.com.br
- facebook.com/crivoeditorial
- instagram.com/crivoeditorial
- loja.crivoeditorial.com.br

Quem abre a torneira
convida a entrar
o lago
o rio
o mar

Ana Martins Marques, *Torneira*

10	PREFÁCIO – UMA CAIXINHA DE MÚSICA
12	EMBARAÇADA
14	COCHICHO
15	AMAR – O
16	POENTE
17	PÓS-MODERNO
18	TRANSVERSA
19	SANGRANDO
20	PERFEITA
22	PELÍCULA
23	PARTIDA
24	REVIRAVOLTA

25	ATENTA
26	MELODIA
27	SOLIDÃO
28	DIALETO
29	GOUACHE
30	IDÍLIO
31	SALDO
32	FATOS
34	PAI
36	LUTO
37	EMBRIAGADA
38	MATER
39	DILEMA

40	LUÍZA	53	ANELO
41	FOTOGRAFIA	54	FELINO
42	CATITA	56	ALFORRIA
43	VERÃO	57	CRUZADAS
44	LAIVOS	58	GAIATO
45	VÍVIDA	59	TIAS
46	EXPERIMENTO	60	EN PASSANT
47	MÍNGUA	61	IMPREGNADA
48	VOLEIBOL	62	ICONOCLASTA
49	DEZEMBROS	64	MÃE
50	INSONE	66	LUAS
51	TEMPO	67	COTIDIANO
52	DEVANEIO	68	BONITA

70 TINTAS	84 MEDO
71 CAMBAIO	85 FOME
72 DISFORME	86 MUITAS
73 MAIS ALÉM	87 EM PRETO & BRANCO
74 EU	88 ESSENCE
75 METAMORFOSE	90 EM MEU SOCORRO
76 JAZIDA	91 DESFOLHADA
77 PARTITURA	92 CURVILÍNEA
78 DAS MINAS GERAIS	93 AINDA
79 GROTAS	94 TRANSPLANTE
80 MELANCOLIA	96 RESUMO
82 DESEJOS	97 PARÁGRAFO ÚNICO
83 DEBOCHE	

Prefácio – Uma Caixinha de Música

Um poema se lê, um poema se vê, mas também e talvez sobretudo, um poema se escuta. Entre o gato e o gaiato desses versos, vê-se, lê-se e ouve-se mais do que se diz, pois o que se escreve se abre ao incomensurável. É para lá que nos levam esses poemas. Para os mistérios do amor, da vida e de seu fim.

Como visão, a poesia é imagem ou paisagem, isto é, uma tensão instaurada entre diferenças, correlações de formas, tons, cores. Em um poema, somos chamados menos a contemplar essa paisagem do que a habitá-la mesmo que seja por um instante fugaz.

Enquanto leitura, um poema é letra. Letras que se juntam, traços dos pés de sexta-feira, desses passos passados da vida em nossas ilhas, de onde enviamos a poesia em garrafas à espera de um continente. O que lemos em *Ainda*, no escrito como juntura da existência e suas marcas, são, às vezes, palavras que se encontram para fazer sentido ou fonemas que se topam como por acaso, seguindo uma melodia ou um ruído vindo da vida. E nesse juntar-se, buscam dar forma a uma atmosfera com modos quase geométricos, concretos, reduzidos à sua máxima expressão.

Mas, quando se escuta um poema, ele toca no peito. Algo ressoa, o corpo se encaixa em outra morada e se faz caixa de ressonância. Onde algo se move, ou se cala, somos afetados sem sabermos exatamente dizer o porquê.

A poesia da Cláudia, como uma caixinha de música, escreve minipartituras sobre cenas e afetos, perdas, soluções, coragem e persistência, apesar de... "caçar com gato!" Aí está o segredo deste livro, já que o tal cão como um ideal, vida ideal, não passa mesmo de uma ideia. A vida não é um ideal, a vida é tal qual é.

A melodia soa, *Ainda*, e parece salvar da dor o que permanece de humano, hoje cada vez mais raro, não que se é sem dor, mas por que o caminho é seguido com o coração. Em alguns poemas, podemos auscultar esse tic-tac da engrenagem das letras, que marca um ritmo, às vezes explosivo, tramado em uma gramática, quase matemática, sobre as emoções. O uso da forma não torna, entretanto, a letra morta, pois é a fórmula mesma que aumenta a intensidade do que se transmite, e é a musica que a guia, o sonoro, um Chico de amor.

Um ponto da potência: há um tom de sangue nos poentes poemas de Claudia, como uma perda ainda quente e rubra, mas que sempre antecipam algum rubor de madrugada. São, cada um a seu modo, a sua própria Cruzada na vida, uma cruzada do coração como um "potro chucro, todo luta".

SÉRGIO DE MATTOS

EMBARAÇADA

desencontros
nós e pontos
entre mim,
amor sem fim,
e minhas entrelinhas

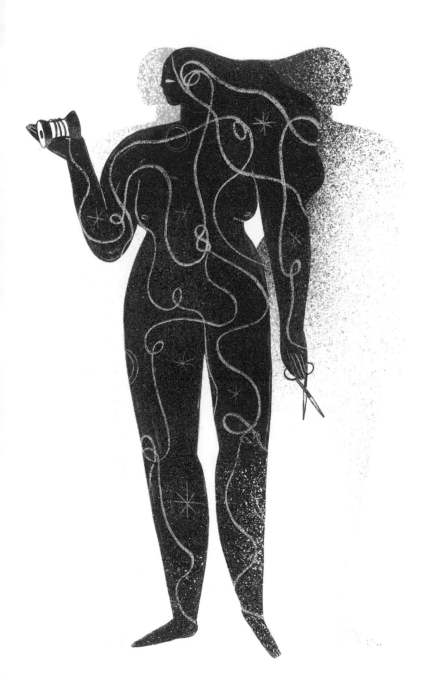

COCHICHO

em mim
choraminga
o bicho

          cachorro só
          remexendo
o lixo

AMAR - O

Pro Chico Buarque

O MAGO
DA PALAVRA
LAVRA A LIRA
E LIVRA
DA MÁGOA
A VIDA

POENTE

um cálice de vinho tinto
embebedou
a linha do horizonte

PÓS-MODERNO

Na praça entre a floricultura
E a entrada do cemitério
Um estranho guarda civil
Dava uma rosa vermelha
A quem parasse no sinal amarelo.

TRANSVERSA

Pedestre distraída
Tropeço na avenida
Sem sinal.

Atrevida
Atravesso
Afinal

A contramão da vida.

SANGRANDO

esse teu beijo
carmim

carnívora boca
víbora louca

       ainda vibra
       carne viva
em mim

PERFEITA

a morte já tem
a cama feita

    vem a vida
    pega e deita

PELÍCULA

VIDA
FITA NONSENSE
    SUSPENSE
ONDE NÃO SE ENTENDE
    NEM O THE END

PARTIDA

Amigos, que prazer!
E eu aqui à toa,
Malas por fazer...

– Como deixar a vida
Sem que doa?

REVIRAVOLTA

Tua rima
Não mais me importa.
Meia-volta,
Volta-e-meia,
Invento uma lua cheia
No meio da minha horta.

ATENTA

Antes do desjejum
Quero vida
Recém-saída do tacho,
Servida fervente,
Por mãos limpas,
E, portanto,
Dispenso
Talher de prata
E copo de cristal.

Nas veias,
Tenho é sangue vivo mesmo,
Quente,
Não mais ilusões.
Por via das dúvidas,
Trago meu sonho na algibeira
Pra desembolso imediato
Na necessidade.

Se descanso, distraída?
Olho sempre no olho.
Por um triz,
Quase não recolho do instante
A ternura lançada ao ar.

MELODIA

A mamãe
Cantando
Entreabria
Mil jardins
De jasmins
E margaridas.

Tinha cheiro
De roseira
A nossa vida

Era quando
Coloria
Meu retrato
Três por quatro
De alegrias
E amanhãs.

SOLIDÃO

TRAGO

UM TIGRE MAGRO

ATRACADO

AO CAIS DESSE PORTO

VAGA

TRISTE

SELVAGEM

E SÓ

PELA MARGEM

E EM VÃOS DO MEU CORPO

DIALETO

O idioma do meu corpo
É uma Torre de Babel.
Porto em risco de uma ilha
Que,
    Pouco a pouco,
          Emborquilha
Seus barquinhos de papel.

GOUACHE

O inconsciente pinta a dedo
Em surrealista enredo
As matrizes do desejo irrealizado.

De resto,
Matizes do meu medo.

IDÍLIO

A MINHA ILHA
    COMPARTILHA
        DO MESMO MAR
           DA TUA ILHA

           AS MESMAS ÁGUAS
        QUE UM DIA IRÃO
      COBRIR DE MÁGOAS
MEU CORAÇÃO

SALDO

Meu coração posto aos gomos
No liquidificador:
No caldo do que hoje somos,
Nem os bagaços do amor...

FATOS

Falsos
Seus ditos atos
De amor
Foram cactos
Sem flor

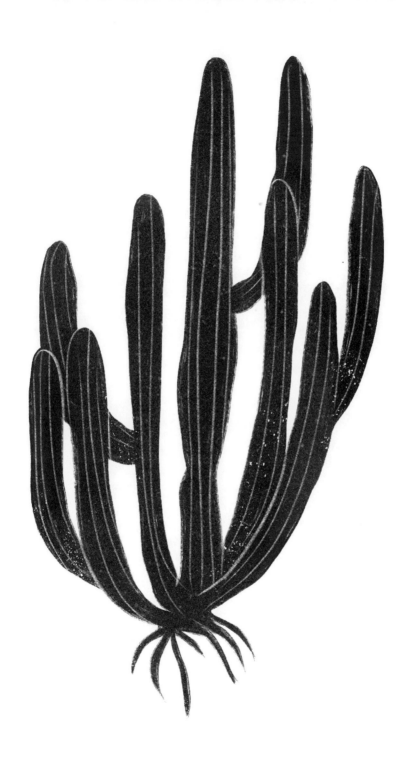

PAI

Sempre sério,
De terno e gravata.
E eu, menina,
Ouvindo "As histórias de Jesus".
De pura meninice
– ainda fazia mágicas, naquele tempo –
lhe pus às costas um par de grandes asas,
teci pra ele uma bata de linho branco
e o coroei com a melhor auréola dourada.

Mil anos
Meu pai voou pelo universo
Distante de mim
Como todos os anjos.

Mal reconheço hoje
O velhinho curvo e cansado
Que me bate à porta.
Retiro daquelas costas enfraquecidas
O peso das asas
Que eu mesma colei ali
E liberto os sonhos enferrujados
da coroa de latão.

Vem, meu pai,
Toma das minhas mãos
O pão, o vinho,
A sopa quente e nutritiva
– deves ter fome dessas humanas coisas.
Senta-te aqui comigo
No aconchego da poltrona
E me dá teu colo
– minha cabeça não te pesará nos ombros,
prometo!
Transforma de novo em conto de fadas
– só pra mim... –
Aquelas antigas estórias
Dos milagres de Jesus.

AINDA

LUTO

Hoje,
Não há cantar em mim.
Todos os meus bèm-te-vis
Foram mortos na alvorada
E ainda há sangue
Escorrendo da aurora.

De resto,
Piando sofrido,
Feio, faminto e transido de medo,
Só um pardal em jejum de alegrias
Perambula trôpego
Por entre as minhas esquinas escuras.

EMBRIAGADA

A Paulo Leminski

A NOITE
JOGA À CARA
A LUA
COMO AÇOITE.

> A LUA
> MÍNGUA E ÁGUA
> EM MINHA LÍNGUA
> UM MINGAU RALO

— ESTRELAS NO GARGALO.

MATER

Aqui,
Nalgum canto escuro do peito
Jaz o filho que não tive,
Desalinhavado da vida
Como num sonho vago.

Por isso,
Às vezes sofro de saudade
E tenho gosto em dar pão
A bichos de rua.
É ainda com bigodes molhados de leite
E o corpo redondo e aquecido
Que os devolvo ao mundo.

Por isso também
Farejo em ti miúdas orfandades.
Aprendo devagar os moldes do abraço
E a receita do teu bolo preferido.
Levanto o teu queixo
Quando te levo até a porta
E aprumo teus ombros encolhidos
– assim fica mais fácil te ver partir.

Eu também saio pela vida
Buscando outros ares que trazer ao peito
As mãos unidas em concha
como um ninho pronto
ou como quem vai matar a sede
nas águas primeiras da nascente.

DILEMA

SEM SABER
QUAL SERIA ASSIM
O MAIOR DENTRE OS MILAGRES:
ENFIM ACOSTUMAR-ME
AO ACRE SABOR DA TUA AUSÊNCIA
OU PODER TOCAR COM OS LÁBIOS
A ESSÊNCIA DOS TEUS
LÁBIOS DE MÁRMORE.

LUÍZA

A última fada
Conviveu comigo
Até minha idade madura.

Proveu café com pão,
Almoço
E mercúrio-cromo.
Cerziu toda a minha roupa
E alguns sonhos puídos.
Enfim,
Pôs ordem nos armários e na vida.

(Só eu sabia do seu condão
ao vê-la rir muito
das coisas do mundo)

Com o tempo,
Foi me achando pronta:
Borrifou esperanças
Por todas as gavetas,
Fez a mala
E partiu dessa pra melhor.

Hoje,
Quando eu tenho um sonho bom,
Só eu sei do seu condão
Ao vir me ajeitar os travesseiros
Cantarolando baixinho
Antigas canções de ninar.

FOTOGRAFIA

Sorria,
querida,
que a vida

não tem segunda via.

CATITA

A BOLA
DE PINGUE-PONGUE
REBOLA
NO CHÃO DA SALA

    REPICA

        PIPOCA

           PICA

    A GATA SAPECA
    SALTA
    COM A PATA
    BOLE NA BOLA

    ESPOCA

        SALTITA

           POCA

(A GATA SABIDA
SABE
COMO ENTERNECER
A VIDA)

VERÃO

Boia um ar preguiçoso
Na tarde sem passarinhos
(O sol tem fogo no rabo
e cozinha as flores do meu lirismo
– os meus versinhos mornos e abatidos...)

O tempo vai cerzindo o puído da tarde,
Puxa fios, oculta buracos,
Depois alinhava tudo
Nas bordas do pôr-do-sol
E pendura nos varais da noite.

Agora,
Brisas e estrelas que se virem.

LAIVOS

Assim como um lenço
largado sobre o sofá
a seda da lembrança
me roça a pele.

Faz verão
em cada um dos meus poros
e quase te chamo
outra vez Amor.

Como se não fosses só
um vago laço desfeito,
um largo rastro de pó.

VÍVIDA

Vou que vou
De viva voz.

Não vítima
Ou algoz...

    – pivô.

EXPERIMENTO

Olho a pedra
Testo sua pele
Crespa de arestas.

Mergulho no avesso
Do cascalho
Sólida ausência de dor.

Acho o jeito de ser seixo.

Invejo sons de riachos
Resquícios de musgo
A encosta do morro
O torso solitário da terra.

Nem mesmo a crosta mineral
Abole em mim o desejo.

MÍNGUA

a bica
  pinga
    devagar
        gotas

do meu mar

VOLEIBOL

A   PULA   DEDOS
   BOLA   PELOS

        SOBRESSALTO

REBATE
     A BOLA
     E BAILA
E VOLTA

     SOLTA
  SOBE   PELOS
E   ARES

REPICA
    E CAI
       ENTRE AS BULHAS

      QUE ASSALTAM
      MEU CORAÇÃO

AINDA

DEZEMBROS

O sol,
cravo enrubescido
na lapela do céu,
crava seus raios
na carne da montanha
que sangra um poente escarlate
na tarde morna de verão.

INSONE

A madrugada é metálica,
fria e me estranha.
Masca um tempo escuso.

Tento sacar da bolsa
um único raio de sol
– só há uma caneta sem tinta.

Pra onde se mudou
o meu viveiro de canários?
Atiro meus brincos, meu relógio
no galo mudo do vizinho.

Não há mais vitrolas no mundo
que arranhem músicas de fim de noite.

Em mim,
rosna uma fera
solta em silêncios.

Minha vingança é a aurora.

TEMPO

O passado,
Louça quebrada sobre a pia,
Rasga a carne morna do presente
E sangra um futuro seco
Sobre a pele machucada da existência
Que escoa pelo ralo.

DEVANEIO

... aí,
quando você me quis,
eu,
nunca dantes assim
tão Cinderela,
quase que
– por um triz! –
fui a mocinha da telenovela
de final feliz.

ANELO

O ELO

QUE LIGA

ELE A ELA

É LÍQUIDO

E BELO

SE É LINDO

NÃO CEDE

OU PERECE

PORQUE

PARALELO

PARECE SER FINDO?

FELINO

Como se assoviasse
Distraído
O gato roça o pelo
Em minha face.

Como se nem me visse
Em seu espaço
O bicho se aconchega
No meu braço.

Como se fora eu feita de aço...

Como se mais e muito mais
Me amasse
O gato sai da vida
Em meu regaço.

ALFORRIA

Tive sim,
outro coração bem aqui dentro,
mas não aceito peregrinações à minha dor
nem turismo aos meus sentimentos
– não serei a flor extravagante do teu espanto.

Mal me lembro
que estirei cada fibra desmedidamente,
o amor desenfreado
sorvendo músculos, tecidos,
a dor vivida inteira
rompendo os limites das veias.

Foi ao lixo
o meu pequeno órgão de sentir,
farto dos meus exageros.

Hoje,
a tua lembrança
não me assombra mais os átrios:
tenho outro coração
– sem palpitações
e sem saudades tuas

CRUZADAS

```
              T
ESTE  CORPO
              R
              T    M
      É UM PORTO
                   R
              L    T
      É UM POUCO
              U
              C
      É UM POTRO

      CHUCRO
                   T
                   O
                   D
                   O
      L U T A
```

GAIATO

Lá no mato
Sem cachorro
De fato
Não morro.

        Caço com gato.

TIAS

A Dinda abre o cordão da bolsa
E me dá cem dinheiros.
Num sorriso:
"A quem Deus não deu filhos,
O Diabo deu sobrinhos..."

Os olhos e o coração
Agradecem ao Diabo...

EN PASSANT

É insensato
Como o gato
Adula o dono,
Lhe tira o sono,
Mia,
Noite e dia,
Se tem fome.

Satisfeito,
Some.

IMPREGNADA

o gato
morto
virou asfalto
debaixo
das rodas
do meu carro

o moço
ingrato
virou
gato
morto
grudado
nas paredes flácidas
do meu coração

ICONOCLASTA

Ó sábio dos infernos,
salomão de rua,
mestre das latrinas,
doutor de teorias,
que conhece tão bem
a história da Inglaterra,
o vírus da hepatite,
o vinho alemão
e o rosto dos aflitos...
... e nem se encara no espelho.

Ó deus do subúrbio,
profeta de esquina,
pregador de justiça e liberdade
entre rotas bandeiras desbotadas,
que sonega de si mesmo
o direito à emoção
e engole entredentes
o grito da última esperança.

Ó freud dos puteiros,
marx de estrebaria,
falso poeta do alheio,
recitando pela praça
a ternura de Neruda e as frases feitas
dos mártires da revolução,
surdo ao suave arrepio
da libido estuprando os poros
e ao doce verso das próprias bulhas...

Perdão, caro senhor,
se o toquei na ferida de pedra
e jorrou sangue quente de vida
– carne aberta no osso!
Pedestal de vidro quebrado
Em cacos de tristeza e amargura.

Perdão, meu senhor!
Se lhe dei minha mão de menina
e pedi o seu peito de amigo,
se sonhei que, dormindo em meu colo,
me pudesse entregar o seu sonho.
Se o fartei de afeto e, em silêncio,
respeitei seu pavor de si mesmo,
perdão!

Pela última vez,
me perdoe...
por ter sido mulher e humana
e por tê-lo suposto um homem

MÃE

A Maria-Coelhinho
Não me quis
Pra brincar de pegador
no recreio.

Mamãe me pôs no colo,
Fez do peito um lenço de cambraia
E abocanhou meu soluço
Naquele afago gordo
E exclusivo de mãe.

Hoje e às vezes,
Sem pegador ou recreio,
Sento na quina da vida
E sussurro pedaços soltos
De velhas canções de ninar.

LUAS

Lua cheia, obesa lua
– umbigo inflamado da noite.
Estrelas latejam
estranhas cicatrizes
na minha insônia.

COTIDIANO

Há quase calma
Na lida diária
De tirar-lhe as nódoas.

Esfregar. Enxaguar. Torcer.

E a vida se esvai ao mínimo vento
Enquanto, lívida, vacila no varal
A alma úmida e encardida.

BONITA

Manhã clara
Sol na cara
A vida
Me é tão cara
Tão querida

Tão finita

A morte,
Será que a imita?

TINTAS

Saia listrada de branco e vermelho,
Blusa branca com borboletas bordadas,
Meia soquete vermelha.
Sapatos, cinto e passador combinando

Que se a gente não colorir essa vida,
Ela pinta a gente de preto!

CAMBAIO

Sobre o passado capenga,
ergue-se e cambaleia
a inexistência de um presente.

E o futuro
cego e aleijado
tateia em busca da sua muleta.

DISFORME

Fico ali dedilhando
a procissão dos meus desencontros
formando um ser estranho
e extraterreno,
montado a recortes de revista
e restos de tinta velha.

MAIS ALÉM

Mais que nunca,
A vida trunca
A vida,
Meu amigo.

Eu, porém,
Mais coincido comigo.

Amém.

EU

Sob essa couraça
bale uma ovelha desgarrada.
Bale, somente.
Sem anseio de eco ou resposta.
Necessidade apenas de balir,
Balir o momento incoerente.

METAMORFOSE

Calango
    Malandro
        Furta-cor
            Seria assim tão volúvel
        Também
    Nas questões
Do amor?

JAZIDA

Fim
Do lastro
De ouro
E jasmim

Teu laço
Jaz
Desfeito
Em mim

PARTITURA

Patativa
Partida

Parto a vida
Em lás bemóis.

Nascida
E sempre-viva

Em sóis.

DAS MINAS GERAIS

Mineiro
Entre montanhas
Picotadas rente ao céu.
Tirar pedras
De seu leito
Forjando seres de boa vontade.
Tirar leite
De suas pedras,
Fazer queijos, doces,
Quitutes na mesa farta
E cheia de amigos.
Fazer-se doce e forte,
Degustar a simplicidade.
Enjeitar o gesto inútil,
Aceitando plenamente o afago.

GROTAS

TRAGO
UM TIGRE MAGRO
ATRACADO
AO CAIS DESSE PORTO

VAGA
TRISTE
SELVAGEM
E SÓ

PELA MARGEM
E EM VÃOS DO MEU CORPO

MELANCOLIA

Hoje
não há cantar em mim.
Todos os meus bem-te-vis
foram mortos na alvorada
e ainda há sangue
escorrendo da aurora.

De resto,
só um pardal em jejum de alegrias
pia faminto,
feio e transido de medo
em meio a meus escombros
e esquinas tristes.

DESEJOS

No quarto de hospital,
escapam fatias de sol
pelas frestas da veneziana.

Eu,
listrada de luz e sombra,
durmo uma existência nova,
onde cada coração que pulsa
é somente o abrigo do sentimento,
e as manhãs de junho
são puras nascentes de esperança.

DEBOCHE

Teu não
É broche
Incrustado
Em meu coração
De fantoche.

MEDO

AUTÔMATO
A ESMO
NO MEIO MESMO
DO MATO

SOLTO
NO ALTO DO MORRO
ERMO

OU MORRO
OU TE MATO

SEM MEIO-TERMO

FOME

A alma faminta
De boca escancarada
Devora teu verso

Rumina sílabas soltas
Belas palavras
– delícias.

É calma e delicada
A saciedade da alma.

MUITAS

Brilhos
Brios
Rios
Breu

– essas sou eu

EM PRETO & BRANCO

Saudade

Das roupas valsando no varal...
A casinha do cachorro,
Chuchus pelo caramanchão.

Amoras, amores, carambolas.

Galinhas ciscando nos meus sonhos
– canteiros de ilusão.

E a porta do mundo
Foi o fundo do quintal...

ESSENCE

ante
la décadence
cante
e dance

EM MEU SOCORRO

Expiando talvez culpas ancestrais,
Cozendo a alma na lareira que acendi.

Por Deus,
um padre, um analista,
Um pai de santo!
Que exorcize de mim o meu carrasco
E solte no gramado
Meu último cordeiro...

DESFOLHADA

ele
bem me quer
e eu
te quero demais
mas tu
mal me queres
mais

CURVILÍNEA

Na madrugada,
tento dançar um bolero,
mas a clave de fá
foge dos meus pés
e as taças de vinho
que me enlanguescem o espírito
pesam nas pernas
como um inchaço antigo.

Impossível
caminhar em linha reta:
há que fazer curvas,
coser entrelinhas,
mesclando um pouco de grama
ao pedregulho do caminho
e arrematando os trilhos
em riachos recém-descobertos.

AINDA

Me vejo triste e o sinto perto.
Não responsável – conivente.
Há ainda uma pequena parte de você
que eu nem sei de onde cresce – brota! –
metastatizando entre as mais novas emoções.

Há ainda um restolho de você,
um rombo, um vazio,
sequela, queloide , cicatriz
– um rastro de nostalgia –
até no sorriso mais terno.

Meus olhos úmidos e ávidos.
Sentimentos que me foram negados.
Sinfonia inacabada.

E você me espia
mesmo quando me esquece.
E eu o percebo
até quando o esqueço.

Meu Deus!
Como é difícil apagar as suas rubricas
dos meus descaminhos...

TRANSPLANTE

Maria trocou o coração.
O esgarçado, velho, entulho
jogaram no lixo do hospital.

Tanto amor desperdiçado...
Maria, magoada,
achou bem-feito.

Botaram nela
um coração viçoso
de moço novo.

Em meio à mágica dos tubos, fluidos
e máquinas da medicina,
Maria abre os olhos:
"Quero um café!"
Vem canja, aconchegos,
suflês e ternurinhas.
Maria estala a língua,
convalesce,
se acostuma aos poucos
às boas-vindas da vida.

Sozinha,
fica ali se rindo
e devagar tomando posse de si
outra vez agradecida
do fundo de todos os corações.

RESUMO

o suco da polpa da fruta
madura
      sugo

do nosso amor se desfruta
amargo
      sumo

PARÁGRAFO ÚNICO

A PALAVRA
É LEVE

QUEM A LAVRA
E NÃO SE ATREVE

SEJA BREVE

CRIVO EDITORIAL
r. Fernandes Tourinho // n. 602 // sl. 502
30.112-000 // Funcionários // BH // MG

- crivoeditorial.com.br
- contato@crivoeditorial.com.br
- facebook.com/crivoeditorial
- instagram.com/crivoeditorial
- loja.crivoeditorial.com.br